FINANZIELLE FREIHEIT FÜR BEGINNER

Finanzielle Unabhhängigkeit in wenigen Schritten und Jahren

Fabian Marquardt

fabian marquardt

ISBN: 9798723085503
Imprint: Independently Published

Coverdesign von: Fabian Marquardt (mithilfe von Canva.com)

Coverfoto: © ArturVerkhovetskiy (Image ID: 213253490) - Depositphotos.com

Fabian Marquardt
Hermann-Hesse-Str. 12, 71154 Nufringen
mail@fabian-marquardt.de

Stuttgart, 2021

VORWORT/ EINLEITUNG

Das Leben ist ein Marathon

Stellen Sie sich vor, nie wieder für Geld arbeiten zu müssen. Stellen Sie sich vor, nur noch dann zu arbeiten, wenn Sie es möchten. Jeden Tag zu egal welcher Uhrzeit sorgenfrei aufwachen und den ganzen Tag nur nach eigenem Belieben verbringen. Hört das sich in Ihren Ohren nach Utopie an? Nach einem Leben, was sich höchstens Filmstars oder Start-Up-Unternehmer leisten können? Mitnichten! Die Lösung heißt: Finanzielle Freiheit und Unabhängigkeit.

Es ist ein Ziel, was zunächst schwer erscheint, bei genauer Planung aber nicht unerreichbar ist. Es ist ein Ziel, welches langsam beginnt und immer schneller wird. Es ist ein Ziel, was keinesfalls unrealistisch ist. Rückschläge werden kommen. Sie werden daraus aber entweder stärker oder klüger hervorgehen, im Idealfall sogar beides. Finanzielle Freiheit ist kein Sprint, sondern ein Marathon. Ein Marathon, bei dem erst ein großer Berg erklommen werden muss und sie die zweite Hälfte bergab gehen können.

Bleiben wir einmal bei dem Berg-Marathon-Beispiel. Die meisten Menschen würden direkt aufgeben, würden Sie hören, dass sie zu Beginn des Marathons zunächst einen steilen Berg überwinden wollen: »Das ist unfair, andere Marathon-Läufe sind viel leichter!« oder »Wenn ich den Berg hoch sprinte habe ich danach keine Energie mehr für den Endspurt«. Es werden zunächst die Probleme gesehen und die Idee anschließend verworfen. Der Berg ist das entscheidende Kriterium, den gesamten Marathon abzulehnen.

Im gleichen Zuge wird auch auf die Leistung anderer verwiesen: »Es ist unfair, da die anderen Teilnehmer viel sportlicher sind.« Ganz Extreme meinen eventuell sogar: »Die Sportlichen sind bereits im Vorteil, sie sollen weiter hinten starten oder wir dürfen den Berg vermeiden und ihn umgehen.«

So und nicht anders läuft es in der Wirtschaft und dem alltäglichen Leben ab. Es wird darauf verwiesen, dass der Weg extrem anstrengend ist und deshalb lieber das komfortable (Arbeits-) Leben gewählt wird. Der klassische 9-to-5 Gedanke, ohne jegliche Konnotation.

Natürlich können Sie ein ansehnliches Gehalt erreichen, für das Sie andere sogar beneiden werden. Bei einfachem Durchrechnen kommen Sie auf den Schluss, dass Sie alle Rechnungen, Mieten, Nahrungsmittel, Unterhaltungsmöglichkeiten, Versicherungen und sonstigen Kosten ohne Probleme aus der berühmten Portokasse bezahlen können.

Eventuell kommen Sie auch zu dem Schluss eine eventuelle Gehaltserhöhung von beispielsweise 300 Euro dazu zu verwenden, sich ein teureres Auto zu leasen oder in eine größere Wohnung umzuziehen. Ihr Luxus steigt entsprechend, eventuell sind auch teurere Reisen oder Kleidung sowie Uhren nun käuflich.

Hier beginnt das Problem.

Reich ist nicht frei

Der Umstand reich zu sein, bedeutet noch lange nicht frei zu sein. Vor allem nicht dann, wenn sich reich lediglich auf "mehr verdienen" bezieht. Lassen Sie es mich mit dem oben genannten Beispiel verdeutlichen: Sie verdienen mehr Geld und gönnen sich etwas davon. Das ist ein ganz normaler Belohnungs-Prozess, sich endlich das leisten zu können, was man sich in den letzten Jahren im Beruf und Alltag aufgebaut hat.

Die zusätzlichen 300 Euro auf dem Konto, werden in diesem Beispiel direkt dazu verwendet, bestehenden Besitz mit einem "Upgrade" zu versehen (beispielsweise das ältere Smartphone durch die neuste Generation zu ersetzen), den Kleinwagen durch das unschlagbare Leasingangebot in einen SUV zu ersetzen. In wenigen Tagen ist auch der Griff zur Luxus Uhr nicht mehr fern. Immer häufiger bemerken Sie den neidischen Blick der Nachbarn. Da wissen Sie, dass Sie es “geschafft haben”.

Sie sind damit mitunter wahrscheinlich reicher, glücklicher und möglicherweise auch angesehener geworden, jedoch keineswegs freier. Sie haben nur günstigere Besitztümer durch teurere ersetzt, diese sind im Prinzip wie Ihr Einkommen gewachsen. Das hört sich zunächst auch logisch an, schließlich genießen Sie ein gutes Leben, haben ein festes Einkommen, ein Dach über dem Kopf, immer einen vollen Kühlschrank und nun eben auch diverse Luxusgüter: »Man gönnt sich ja sonst nichts.«

In diesen Punkten kann Ihnen niemand widersprechen, es sollte niemand vorschreiben, wie man leben soll, was man sich leisten sollte oder welche Marken sie präferieren.

Die Entscheidung muss von Innen kommen. Erinnern Sie sich noch an den Marathon? Das oben genannte Beispiel ist im Prinzip folgender Umstand:

Sie laufen zwar einen Marathon, dieser dauert aber Ihr Leben lang. Bis zum Rentenalter. Sie teilen sich die Marathon-Distanz in täglichen, leicht verdaulichen Schritten ein. Schließlich müssen Sie täglich nur wenige Zentimeter gehen, um in den etwa 50 Jahren den Marathon erfolgreich abzuschließen. Der 9-to-5 Weg, wie er vom Staat vorgesehen wird: Ein Arbeitsleben lang arbeiten, anschließend die Rente genießen. Der Marathon ist gewonnen, Ihr Nachbar wird es genauso machen und dessen Nachbar auch.

Der Berg muss erklommen werden

Auf diesem Weg werden Sie nie frei sein. Eventuell nur einmal im Jahr, wenn die Bonuszahlungen oder Weihnachtsgelder eintreffen. Dieses Geld ist zusätzlich zu Ihren Fixkosten für Auto, Wohnung und Nahrung. Sie erleben das Gefühl, einmalig Geld für "Unnötiges" ausgeben zu können, beispielsweise den teuren Wein im Restaurant zu bestellen oder einen Blumenstrauß für Ihre Frau oder ein kleines Geschenk für Ihren Mann kaufen zu können. Es ist ja zusätzlich und "ohne Arbeit". Sie werden es bereits bemerkt haben: Dies ist ein Punkt von finanzieller Freiheit. Sie können sich Dinge kaufen, ohne darüber nachdenken zu müssen. Dies ist deshalb so erfreulich, da es zusätzlich zu Ihren bereits gezahlten Fixkosten pro Monat bereit liegt.

Das Geld ist, im übertragenen Sinne, frei. Frei zu jedweder Verwendung.

Natürlich ist dies noch längst keine finanzielle Freiheit. Jedoch bereits der richtige Weg. Sie haben damit keine Ihrer monatlichen Fixkosten erhöht. Weder das Auto wurde ersetzt, noch eine neue Wohnung gesucht.

»Natürlich«, werden Sie sagen, »es war ja nur eine einmalige Zahlung, damit kann man sich kein neues Auto finanzieren.«

Das ist korrekt. Die Frage, ist nur, wieso Sie ansonsten bei konstanten, monatlichen Einkünften so verfahren? Wäre es nicht schön, jeden Monat “Weihnachtsgeld” zu bekommen? So viel “Weihnachtsgeld”, dass Sie gar nicht mehr wissen, was für kleine Geschenke Sie noch verschenken sollen. So viel konstantes “Weihnachtsgeld”, dass sie es möglicherweise sogar vergessen oder gar nicht wissen, wie Sie es noch ausgeben können?

Das ist ein entscheidender Weg zur finanziellen Freiheit.

Unter den Verhältnissen leben

Leben Sie unter Ihren Verhältnissen. Natürlich, dies ist eine extreme Aussage. Letztendlich floriert unsere Wirtschaft auch deshalb, da wir uns etwas gönnen. Wo wären alle Restaurants, wenn wir die Pizza doch selbst für wenig Geld zubereiten können? Wo wären alle Luxus-Hotels an den schönsten Stränden der Welt, wenn man auch im Inland Urlaub verbringen kann?

Deshalb ist finanzielle Freiheit auch niemals der Verzicht, sondern bestenfalls eine Kostenreduktion. Sie müssen nicht wie die berühmte Kirchenmaus leben, um letztendlich als reicher Mensch aus dem Leben zu scheiden.

Sie dürfen deshalb auch prinzipiell weiterhin alles besitzen, was lebensnotwendig ist, Ihre Grundbedürfnisse befriedigt und sie auch in alltäglichen Situationen glücklich stimmt.

Wenn Sie daran zurückdenken, werden Sie feststellen, dass Sie diese Grundsicherung bereits vor vielen, vielen Jahren erreicht haben, als Sie Ihre erste Rechnung an den Energiekonzern überwiesen haben oder zum ersten Mal Ihre Miete bezahlt haben. Seitdem hat sich sicherlich nichts verändert, außer, dass Sie sich Dinge "gegönnt" haben.

Stellen Sie sich die Frage: Habe ich das wirklich benötigt? Oder hätte ich doch noch zwei Jahre weiterhin den alten Golf fahren können? Hätte Ich nicht noch zwei Jahre das alte Smartphone weiter behalten können? Sicherlich fallen Ihnen noch weitere Beispiel ein, die sich im Nachhinein als Gebrauchsgegenstände herausgestellt haben, welche nach und nach an Wert verloren haben und letztendlich zu ihrem alten Vorgänger wurden?

Was ist finanzielle Freiheit

Freiheit ist Unabhängigkeit. Unabhängigkeit von Geld. Unabhängigkeit von Arbeit. Unabhängigkeit von Wohnort. Unabhängigkeit von Zeit.

Finanzielle Freiheit bedeutet letztendlich, die Möglichkeit zu besitzen, unabhängig zu leben. An jedem Ort der Welt leben zu können, die Zeit so zu nutzen, wie es Ihnen gerade passt. Im Prinzip das, was unter

Rente verstanden wird. Jedoch mit der Möglichkeit, diese "Rente" deutlich früher, als das gesetzliche Mindestalter es eigentlich versteht.

Schauen wir auf die in den vorherigen Kapiteln angesprochen, normalen 9-to-5-Leben erreichen Sie finanzielle Freiheit in einem alter von 67 Jahren. Wobei dies nicht ganz korrekt ist, da die Rente sicherlich geringer ausfallen wird, als Ihr bisheriges Netto-Einkommen. Schätzungsweise haben Sie ca. 1.000 Euro (Stand: 2020/2021) weniger monatlich zur Verfügung. Haben Sie einen hochbezahlten Job, wovon bei stetigen Gehaltserhöhungen auszugehen ist, haben Sie es bereits deutlich besser als viele andere. Jedoch ist es auch für Sie ernüchternd, das ganze Leben hart gearbeitet zu haben und sich im Renten-Alter den Luxus schlicht und einfach nicht mehr leisten zu können. Stichwort: Altersarmut.

Stellen Sie sich nun vor, Sie können bereits im Alter von 50 Jahren (bzw. früher oder später) bereits Ihre "Rente" genießen, mit allen Vorteilen, welche die staatliche Rente mit sich bringt: Keine Arbeit mehr, unabhängige monatliche Einkünfte, den ganzen Tag für Ihre Wünsche (oder Projekte).

Stufen zur finanziellen Freiheit

Es gibt unterschiedliche Wege, finanzielle Freiheit zu erreichen. Die genaue Gestaltung ist genauso unterschiedlich wie jede Person selbst. Jedoch basiert alles auf den immer gleichen Schritten, die vonnöten sind, um letztendlich finanzielle Unabhängigkeit zu erreichen.

In den nachfolgenden Kapiteln werden die einzelnen Schritte zur finanziellen Freiheit erklärt, dargestellt und mit Beispielen untermauert. Das Gute: Sie müssen nicht bei “Null” starten. Im Idealfall haben Sie sich bereits - wenn auch unbewusst - bereits Gedanken zur finanziellen Freiheit gemacht. Eventuell haben Sie auch bereits das Mindset und die Grundprinzipien unbewusst verankert, sodass Ihnen der Weg zur finanziellen Freiheit letztendlich leichter als Anderen fallen wird.

Erinnern Sie sich noch an den beschriebenen Berg aus der Einleitung, den es für einen erfolgreichen Marathon zu bewältigen gilt? Ebenjener stellt die Stufen zur Unabhängigkeit dar: Es ist ohne Übertreibung ein schwieriger Weg, der vor Ihnen liegt. Es wird nicht immer einfach, es wird nicht immer komfortabel, es wird zäh und kann zu Rückschlägen führen. Haben Sie aber einmal “den Berg gemeistert”, so fällt Ihnen der Rückweg umso leichter, sprichwörtlich mit “Rückenwind”.

Heißt: Setzen Sie frühzeitig die erforderlichen Schritte um, so können Sie umso früher die Früchte Ihres Erfolges ernten. Heißt auch: Finanzielle Freiheit werden Sie sehr wahrscheinlich nicht ohne die Bezwingung des Berges schaffen.

Keine Abkürzungen nehmen

»Wie werde ich schnell reich?«
»Ich würde mir bei einem Lotto-Gewinn direkt einen Lamborghini kaufen.«

Kennen Sie solche Sprüche oder Gedanken? Es liegt in der Natur des Menschen, plötzliche Reichtümer oder höhere Einkünfte falsch zu bewerten, wenn es Ihnen sprichwörtlich "zufliegt." Es werden Parties geschmissen, Luxus-Sportwagen gekauft, Villen gekauft und jeder noch so große Wunsch erfüllt.

Genauso häufig haben Sie bestimmt davon gehört, dass Personen, die schnell reich geworden sind (Lotto-Gewinner, Profi-Sportler und Schauspieler) schnell in Schieflage gekommen sind, da sie ihren kurzfristigen Umsatz erstens nicht richtig verarbeiten und zweitens verwalten konnten. Es liegt häufig daran, dass es einmalige oder nur kurzfristig-begrenzte Einkünfte sind, so groß sie auch scheinen mögen.

Das ist die allgemeine Erklärung dafür, wieso die genannten Personen häufig scheitern. Viel wichtig ist es jedoch auch, dass Sie mehrere Stufen auf dem Weg zur finanziellen Freiheit mit Leichtigkeit überschritten haben, ohne Learnings daraus zu ziehen. Sie wurden beim eingangs erwähnten Marathon direkt per Helikopter über den Berg ins Ziel geflogen, sie haben mehr verdient als manche Personen ihr ganzes Leben lang, in wenigen Tagen.

Aus diesem Grund wertschätzen Sie weder das Geld, noch der Weg dorthin. Es kann jedoch (sehr wahrscheinlich) nie wieder zu einer ähnlich großen Einkunft kommen, weder für den Profi-Sportler, der mit 30-40 Jahren in keiner Top-Liga mehr spielen kann, sowie dem Lotto-Gewinner, der statistisch nie wieder den Jackpot knacken wird.

Das Learning daraus: Sie können nicht mit Geld umgehen und deshalb auch keine finanzielle Freiheit erreichen, auch wenn alle Voraussetzungen dafür sprechen sollten.

Ohne jede Stufe zur finanziellen Freiheit zu gehen, können sie nicht finanziell frei sein. Mit jeder Stufe lernen Sie wichtige Lektionen, die Ihnen auch dann helfen sollten, müssten Sie wieder bei “Null” starten.

Ich wünsche Ihnen viel Spaß, viel Erfolg und gutes Durchhaltevermögen!

ERSTE STUFE ZUR FINANZIELLEN FREIHEIT

Altlasten loswerden

Die Verlockungen der Wirtschaft sind überall. Das teure Auto in geringen Monatsraten bezahlen? Kein Problem. Das teure Notebook mit 0%-Finanzierung jeden Monat für zwei Jahre abbezahlen? Kein Problem. Einen Kredit für Ihre Wünsche aufnehmen? Kein Problem, mit wenigen Klicks im Internet ist dieser abgeschlossen und auf das Konto überwiesen.

Haben Sie sich in einem der Punkte erwischt? Das werden sicherlich die meisten. Die Vorteile liegen auf der Hand: Statt einen großen Geldbetrag einmalig zu zahlen, wird er stattdessen in monatlichen Raten beglichen. Folglich mit Geld, was Sie in Zukunft noch verdienen werden.

Sicherlich mag es hierfür auch Beispiele geben, in denen ein Ratenkredit für Konsum (oder sonstige

Ausgaben) eine gute Idee ist. In den meisten Fällen profitiert davon jedoch nur der Händler, Produzent oder Verkäufer. Sie haben einen vermeintlich guten Deal ergattert, in Wirklichkeit haben Sie jedoch nur Verbindlichkeiten erstanden.

Was sind Verbindlichkeiten?

Verbindlichkeiten sind das genaue Gegenteil von finanzieller Freiheit. Statt potenziellen Einkünften fließt jeden Monat ein bestimmter Geldbetrag von Ihrem Konto. Ihr Vermögen schrumpft demnach stetig, wenn auch langsam und zunächst unbemerkt. In keinem Fall werden Sie damit zumindest Einkünfte generieren, was jedoch essentiell für finanzielle Unabhängigkeit ist. Die Lösung daher: Gehen Sie nie Verbindlichkeiten ein!

Selbstverständlich gibt es noch weitaus "schlechtere" Schulden als Verbindlichkeiten und Konsumentenkredite. Eventuell haben Sie tatsächlich Gläubiger, denen Sie größere Mengen Geld schulden. Durch Verzugszinsen oder Mahngebühren erhöhen sich die ursprünglichen Schulden noch weiter, einer Schuldenspirale, die nur mit äußerster Kraft zu bewältigen gilt. Eine einfache Empfehlung wäre es, niemals Schulden zu machen. Natürlich spielt das Leben nicht immer so mit, wie man möchte. Unvorhergesehene Ereignisse können passieren, in denen es kaum andere Auswege gibt als Schulden anzuhäufen. Gerade in Zeiten großer Krisen (beispielsweise 2008/2009 und 2020) sind Schulden häufig die einzige Möglichkeit, schnell die wirtschaftliche oder private Zahlungsunfähigkeit abzuwenden. Man kann es den Betroffenen kaum verübeln.

Wichtig ist jedoch, Schulden beziehungsweise weitere Altlasten loszuwerden, auf dem Weg zur finanziellen Freiheit.

Konzentrieren Sie sich mit aller Kraft darauf, Kredite vor Ablauf der eigentlichen Laufzeit abzubauen. Dies sollte in dieser Phase die wichtigste Entscheidung Ihres Lebens sein, der Sie alle weiteren Bedürfnisse, Luxus oder Ausgaben unterordnen. Denn: Nur, wer keine Altlasten und Schulden mit sich führt, kann finanziell frei sein. Nur, wer wieder bei "Null" steht, kann damit beginnen, sein Vermögen tatsächlich zu vermehren. Bei einem (tatsächlichen) Vermögen unter "Null" verlieren Sie nur Vermögen. Jeden Monat. Jedes Jahr. Ihr ganzes Leben lang.

Umso früher Sie damit beginnen, alle Altlasten und Kredite abzuzahlen, umso länger können Sie danach ein Vermögen aufbauen. Umso früher Sie damit beginnen, umso früher können Sie finanziell frei sein.

Wenn man einen Punkt identifizieren müsste, zu welcher Lebenserfahrung oder persönlichen Weiterbildung, das Anhäufen von Schulden tatsächlich gut ist, dann jener, eine Möglichkeit zu Finden, aus der Schuldenspirale wieder auszubrechen. Sparsames Leben, Verzicht, kreative Ideen, zusätzliche Einkommen und persönliche Reflektion sind nur einige der "Skills", die Sie im Laufe des Schuldenabbaus erlernen. Mitunter haben Sie damit, bei erfolgreicher Schuldentilgung, sogar einen Vorsprung vor anderen, die sich nie aus dieser Falle kämpfen mussten. Wenden Sie diese Punkte nun auch beim Vermögensaufbau an, kann Ihnen beinahe nichts mehr, auf Ihrem Weg zur finanziellen Freiheit, in die Quere kommen.

So lässt sich vermutlich folgendes Fazit ziehen: Schulden sind immer schlecht. Wenn Sie jedoch "Learnings" daraus ziehen ("Nie wieder Schulden!", "Ich weiß nun, wie man sparsam lebt", u.v.m.) könnte man dies sogar positiv betrachten.

Natürlich müssen Sie für diese Learnings jedoch keine Schulden anhäufen, in einer der späteren Stufen zur finanziellen Freiheit, erlernen Sie auch dort diese Fähigkeiten, mit dem Unterschied, dass Sie die Fähigkeiten direkt zum Vermögensaufbau, statt zur Reduzierung von Schulden, verwenden können.

Persönliche Notizen zur ersten Stufe der finanziellen Freiheit: Altlasten loswerden

Anmerkung des Autors: Notieren Sie Ihre persönlichen Gedanken und persönlichen Learnings. Beispielsweise bisherige Erlebnisse oder Vorhaben. Sind Sie bereits alle Altlasten losgeworden?

ZWEITE STUFE ZUR FINANZIELLEN FREIHEIT

Notreserven anlegen

Kennen Sie den Spruch, “etwas auf der hohen Kante haben”? Dieser stammt aus dem Mittelalter, als Menschen ihr Erspartes auf der oberen Kante des Bettes verstaut haben, zu einer Bank konnten die Bauern es ja nicht bringen. Selbstverständlich müssen Sie Ihr Erspartes heute nicht mehr auf der Kante des Bettes - und auch nicht unter dem Kopfkissen - verstauen.

Am Prinzip hat sich jedoch seit Jahrhunder nichts geändert: Haben Sie immer einen Notgroschen, eine Notreserve, schnell zugängliche Ersparnisse auf Ihrem Konto. Schnell können unerwartete Ausgaben entstehen, beispielsweise geht Ihr Auto kaputt und benötigt eine teure Reparatur. Oder Sie verlieren unerwartet Ihren Job und müssen nun erstmal auf Ihre Ersparnisse zurückgreifen. Sicherlich gibt es hier tausende gute Beispiele, was alles auf Sie zukommen kann. Was aber immer richtig ist: Eine Notreserve haben.

Dies ist jedoch nicht der einzige Grund, etwas von Ihrem Einkommen zur Sicherung zur Seite zu legen. Die bereits genannten Faktoren sorgen zwar für schnelle Reaktionen auf (persönliche) Krisen oder Rückschläge, dies sollte jedoch nicht der wichtigste Punkt sein. Zumindest dann nicht, wenn Sie die finanzielle Freiheit anstreben.

Die Learnings, die Sie daraus ziehen können, sind vor allem:

a) Schaffen Sie eine Notreserve, die Sie auch nur dann anfassen
b) Sparen sie monatlich einen gewissen Betrag (beispielsweise 10% Ihres Einkommens)

Dazu müssen wir zunächst zwei Arten von Sparen unterscheiden: "Sparschwein-Sparer" und "Finanzielle-Freiheit-Sparer". Der "Sparschwein-Sparer" packt Geld, was er am Monat übrig hat, zu Weihnachten geschenkt bekommt oder keine andere Verwendung dazu findet, in das Sparschwein. Es dient übertrieben gesprochen lediglich dazu, Geld so lange zurückzulegen, bis sich ein guter Grund findet es ausgeben zu können. Das können einen

Monat mal 200 Euro, einen anderen Monat 25 Euro und wiederum einen anderen Monat sogar eine Entnahme von 100 Euro sein. So spart er im Jahr beispielsweise 1.000 Euro.

Der "Finanzielle-Freiheit-Sparer" agiert hier jedoch anders. Unabhängig von Monat zu Monat spart er denselben fixen Betrag, der direkt vom Konto nach Gehaltseingang überwiesen wird. Die monatlichen Rücklagen schwanken demnach überhaupt nicht, sondern steigen bei Gehaltserhöhungen sogar. So spart auch er im Jahr beispielsweise 1.000 Euro.

Sie fragen Sich wahrscheinlich wo der Unterschied liegt? Schließlich haben beide Sparer am Ende des Jahres 1.000 Euro gespart. Der Unterschied ist nicht das gesparte Geld, sondern das Mindset der Sparer. Während der andere nur dann etwas zurücklegt, wenn er Lust darauf hat, spart der andere diszipliniert einen festen Betrag direkt nach Gehaltseingang (idealerweise per Dauerauftrag direkt auf ein anderes Konto). Dies hat den Vorteil, dass der "Finanzielle-Freiheit-Sparer" nicht immerzu daran denken muss, etwas zur Seite zu legen, sondern er den gesamten Monat mit dem übrigen Geld (theoretisch) auskommen kann. Der "Sparschwein-Sparer" muss die ganze Zeit, sofern er tatsächlich sparen möchte, daran denken, etwas übrig zu halten, um es am Monatsende zur Seite legen zu können.

Spielen Sie doch einmal folgendes Beispiel durch: Würden Sie lieber Geld ähnlich einer Steuer sparen

("Sie sehen den Betrag gar nicht in Ihrem Geldbeutel") oder wollen Sie lieber jeden Monat den 100 Euro Schein aus dem Geldbeutel in das Sparschwein werfen, obwohl sie davon noch einmal richtig feiern gehen könnten? Die Antwort wird in dem meisten Fällen wohl die erste Antwort sein.

Das zweite, wichtige Learning daraus ist, einen prozentualen Teil Ihres Einkommens zur Seite zu legen. Steigt Ihr Einkommen, so steigt auch Ihr zurückgelegter Betrag. Dies hat zur Sicherheit, dass Sie auch einen Notgroschen für Ihren gestiegenen Lebensstil zur Sicherheit haben. Dieses Mindset ist entscheidend auf dem Weg zur finanziellen Freiheit. Legen Sie auch dann Geld zur Seite, wenn es Ihnen momentan finanziell sehr gut geht und auch dann, wenn es Ihnen finanziell sehr schlecht geht.

Der Vorteil: Durch das reine Sparen, haben Sie Tag und Nacht Zugriff darauf und können demnach auch jederzeit das Experiment abbrechen, wenn Sie merken, dass Sie noch nicht so weit sind, den Weg zur finanziellen Freiheit zu beschreiten. Sie sind nur dann auf dem richtigen Weg, wenn Sie mehrere Monate (beispielsweise 1-3 Monate) ohne Einkommen alle Ihre Ausgaben decken könnten. Idealerweise entspricht das ein bis drei Ihrer Monats-Netto-Einkommen.

Stellen Sie sich einmal vor, Sie müssten eine bestimmte Zeit kein Geld verdienen, um weiterhin Ihre Miete, Ihren Strom und Ihre Abonnements be-

zahlen zu können? Das ist bereits einer der Faktoren, der finanziellen Unabhängigkeit, wenn auch in sehr kleinem Rahmen. Dies ist letztendlich nur aus dem Grund möglich, da Sie eisern monatlich Geld zur Seite gelegt haben. Hätten Sie 100% Ihres Einkommens ausgegeben, könnten Sie genau 0 Monate davon leben. Ich denke, das möchte niemand.

Unterpunkt: Ausgaben planen

Monatliche Ausgaben sind vollkommen normal in unserem alltäglichen Leben. Schließlich müssen Strom, Abonnements, Versicherungen und Mitgliedsbeiträge häufig auf monatlicher Basis überwiesen werden. Letztendlich sind es meistens Verträge mit unterschiedlichen Laufzeiten. So kostet eine Fitnessstudio Mitgliedschaft für 50 Euro im Monat, tatsächliche 600 Euro im Jahr.

Diese Ausgaben sind relativ gut planbar, sodass Sie diese rechtzeitig in Ihren Ausgaben berücksichtigen können. Legen Sie für geringe, monatliche Kosten demnach direkt ein Unterkonto ein, sodass Sie sich im Laufe des Jahres nur noch mit geringen Fixkosten beschäftigen müssen. Umso weniger monatliche Ausgaben Sie haben, umso genauer können Sie sowohl Ihre Ausgaben als auch Ersparnisse berechnen.

Letztendlich müssen Sie selbst entscheiden, ob Sie lieber kommende Ausgaben bereits am Jahresanfang zur Seite legen oder die monatliche Übersicht über Ausgaben halten möchten. Dieser Unterpunkt zahlt nur begrenzt zur finanziellen Freiheit bei, dafür aber zur erweiterten, strukturierten Planung Ihrer monatlichen Kosten.

Die Notreserve sollte zwar pauschal einem prozentualen Anteil Ihrer Einkünfte entsprechen, jedoch benötigen Sie häufig je nach Lebensphase und -Alter unterschiedliche finanzielle Absicherungen, die es stets ebenfalls zu berücksichtigen gilt. Als Jugendlicher beziehungsweise in Ihren Zwanziger oder Dreißiger Jahren sind sie flexibler, da Sie entsprechend schnell im Falle einer Kündigung wieder einen Job finden werden, seltener ernsthafte Krankheiten haben oder kein Haus, keine Wohnung oder möglicherweise kein Auto besitzen. Im Falle eines unerwarteten Verdienstausfalles, können Sie in dieser Lebensphase (statistisch gesehen) mit geringeren Notreserven auskommen. Mit fortgeschrittenem Lebensalter sollte die Notreserve entsprechend hoch sein.

Der US-amerikanische "Business Insider" empfiehlt folgende Notreserven für die beispielhaften Lebensabschnitte bzw. -Alter[1]:

Business-Insider Tabelle (USA)

Alter	Jahresgehalt (beispielhaft) von 50.000 Euro	Sparsumme Notreserve
30	1 x 50.000 Euro	50.000 Euro
40	3 x 50.000 Euro	150.000 Euro
50	6 x 50.000 Euro	300.000 Euro
60	8 x 50.000 Euro	400.000 Euro

Selbstverständlich handelt es sich hier um extreme Beispiele, welchen Geldwert Sie als Notreserve anlegen sollten. Da dies primär auf den amerikanischen Markt ausgelegt ist, mangelnde Grundsicherungen und staatliche Unterstützung im Falle von Arbeitslosigkeit oder Krankheit, handelt es sich hierbei nur um grobe Richtwerte.

Was jedoch immer gilt, ist der Fakt, dass Sie mit steigendem Alter immer größere Rücklagen bilden sollten, da externe Faktoren eine immer größere Rolle spielen (eventuelle Arbeitssuche, Familie, Kosten) oder letztendlich nicht mehr im selben Umfang behoben werden können.

Aus diesem Grund empfehle ich folgende Herangehensweise zur Bildung einer Notreserve auf dem Weg zur finanziellen Freiheit und Unabhängigkeit:

Finanzielle Freiheit Notreserve (in Monatsgehälter)

Alter	Monatsgehalt (beispielhaft) von 3.000 Euro	Sparsumme Notreserve
30	3 x 3.000 Euro	9.000 Euro
40	6 x 3.000 Euro	18.000 Euro
50	12 x 3.000 Euro	36.000 Euro
60	16 x 3.000 Euro	48.000 Euro

Letztendlich handelt es sich hierbei ebenfalls um grobe Empfehlungen, diese sind jedoch realistischer, betrachtet man die Notreserve als zweite Stufe, auf dem Weg zur finanziellen Freiheit. Die US-amerikanischen Schätzungen können bereits nahezu als finanzielle Freiheit betrachten, so entsprechen die 300.000 Euro (bei 50 Jahren) bereits 100 Monaten gesparten Monatsgehältern.

Zusammenfassung Zweite Stufe zur finanziellen Freiheit

Do:

- Legen Sie einen prozentualen Wert Ihres monatlichen Einkommens als Notreserve zur Seite
- Lernen Sie, fixe Sparraten pro Monat zu berücksichtigen und tendenziell zu erhöhen
- Das Ziel sollte eine, an Ihr Alter angepasste, Notreserve sein (beispielsweise 3 Monatsgehälter, siehe Tabelle)

Don't:

- Seien Sie kein "Sparschwein-Sparer", der nur übriges Geld am Monatsende zurücklegt
- Unterschätzen Sie keine spontanen Kosten. Eine Notreserve kann hier letztendlich Ihren Lebensstandard beibehalten

Persönliche Notizen zur zweiten Stufe der finanziellen Freiheit: Notreserve anlegen

Anmerkung des Autors: Notieren Sie Ihre persönlichen Gedanken und persönlichen Learnings. Beispielsweise bisherige Erlebnisse oder Vorhaben. Haben Sie bereits Notreserven angelegt?

DRITTE STUFE ZUR FINANZIELLEN FREIHEIT

Kleine, finanzielle Freiheit

In den vorangegangenen Kapiteln wurde primär Wert auf Schuldenreduktion und ein erster Aufbau von Notreserven für wirtschaftlich-schlechtere Zeiten gesprochen. Sie haben verstanden, dass Sie nur finanziell-unabhängig sein können, wenn Sie Altlasten beziehungsweise Vermögensabflüsse verhindert und Notreserven gebildet haben.

Finanziell frei heißt, neben der Sicherung der Lebenshaltungskosten und Fixkosten, auch, weniger Gedanken über Ausgaben verschwenden. Letztendlich ist dies auch das Ziel einiger, nicht mehr auf den berühmten "Preis schauen zu müssen".

Sie sollten auf dem Weg zur finanziellen Freiheit nicht nur enthaltsam wie ein Mönch und sparsam wie die Kirchenmaus leben. Letztendlich dreht es sich um die Themen Motivation und "am Ball bleiben", die den entscheidenden Faktor beim Thema finanzielle Freiheit ausmachen.

Andererseits würden die meisten Menschen wieder zu den ersten oder beiden Stufen zurückkehren, das bereits gelernte, umgesetzte würde direkt wieder über Bord geworfen. Letztendlich stellt sich auch die Frage nach der Sinnhaftigkeit der umgesetzten Schritte, stellt es doch persönliche Rückschritte dar. Es wäre so als ob Ihnen jemand sagen würde, Sie dürften ab sofort für fünfzig Jahre nur noch Leitungswasser trinken um später im Rentenalter dann täglich Wein trinken zu können. Wahrscheinlich würden die meisten Menschen sogar beschließen, lieber fünfzig Jahre lang Wein trinken, dafür im Rentenalter von Leitungswasser zu leben.

Zunächst muss klargestellt werden, dass finanzielle Freiheit keineswegs Verzicht oder sinnlose Maßnahmen bedeutet, sondern Ihnen letztendlich das genaue Gegenteil bescheren sollte. Dafür sind selbstverständlich temporäre Maßnahmen erforderlich, es macht jedoch einen Unterschied, ob man lediglich 25% spart bzw. investiert oder 100% zur Seite legen muss.

Schließlich haben Sie bereits wichtige Schritte zur finanziellen Unabhängigkeit bewältigt, die Sie bereits jetzt in gewissem Maße unabhängig von bestimmten Faktoren machen: Sie haben die "Kleine, finanzielle Freiheit" bereits erreicht beziehungsweise sind auf dem besten Weg dorthin.

Die meisten Menschen werden es bereits bemerkt haben, dass sich ihr Lifestyle auf dem Weg zur finanziellen Freiheit geändert hat. Ausgaben werden bewusster betrachtet, permanente Sparraten pro Monat schaffen Planbarkeit und sämtliche Schulden oder Verbindlichkeiten sind abgebaut.

5-Konten-Struktur

Aus dem selben Grund sollten Sie über eine Kontenstruktur nachdenken, welche es Ihnen erlaubt, neben parallelem Sparen auch ein "Freizeitkonto" zu betreiben, dessen Ausgaben SIe problemlos jeden Monat ausgeben können. Ohne Gedanken an Ihr Sparkonto und Ihre sonstigen Ausgaben. Richten Sie dieses Konto analog Ihres Sparkontos prozentual an Ihrem Einkommen aus, so können Sie auch bei steigendem Gehalt mehr "verprassen".
Zwei Vorteile ergeben sich direkt aus dieser prozentualen Ausrichtung: Sie werden den Anreiz verspüren mehr zu verdienen und gleichzeitig Ihren Verdienst weitaus mehr schätzen. Aus diesem Grund empfiehlt sich die Umsetzung eines 5-Konten-Modells, mithilfe dem Sie essentielle Ausgaben, Rücklagen und "Spaßkonten" einfach planen und umsetzen können. Wichtig ist hierbei, dass es sich lediglich um Empfehlungen und Beispiele handelt.

In der Realtität können bestimmte Ausgabenfelder größer oder geringer ausfallen. Wichtig ist lediglich, dass Sie Ihre Ausgaben entsprechend planen und einteilen, um einen Ausgabenüberhang zu vermeiden (beispielsweise, wenn Sie fast Ihr gesamtes Gehalt für die Miete und Ihr Auto benötigen).

Daraus ergeben sich beispielsweise folgende Strukturen, bei einem beispielhaften Netto-Gehalt von 2.000 Euro:

Beispiel A:

Namen des Kontos	Rate	Summe
Miete, Lebensmittel und Transport	50%	1.000 Euro
Sparrate Notreserve	10%	200 Euro
Spaßkonto	10%	200 Euro
Investitionen	20%	400 Euro
Sparrate größere Ausgaben (z.B. Urlaub, Möbel, ...)	10%	200 Euro
Summe	100%	2.000 Euro

Beispiel B:

Namen des Kontos	Rate	Summe
Miete, Lebensmittel und Transport	60%	1.200 Euro
Sparrate Notreserve	10%	200 Euro
Spaßkonto	10%	200 Euro
Investitionen	15%	300 Euro
Sparrate größere Ausgaben (z.B. Urlaub, Möbel, ...)	5%	100 Euro
Summe	100%	2.000 Euro

Wie Sie sehen, kann das 5-Konten-Modell problemlos an die jeweiligen Bedürfnisse angeglichen werden. Wichtig ist hierbei nur, dass Sie die jeweiligen Konten auch umsetzen und so sowohl Notreserven, Investitionen als auch "Spaßkonten" bilden. Die beispielhaften 200 Euro können Sie ohne schlechtes Gewissen, für Kino, Cafés, Kneipen, Restaurants oder Computerspiele ausgeben, quasi komplett finanzielle frei. Natürlich noch im begrenzten Rahmen, deshalb auch "Kleine, finanzielle Freiheit".

Daraus ergeben sich auch wichtige Learnings: Leben Sie nicht über Ihre Verhältnisse, greifen Sie für Vergnügen niemals auf Spar- oder Investitionskosten zu, diese Gelder werden Sie später noch benötigen. Im Prinzip zahlen Sie sich ein eigenes Gehalt von Ihrem Gehalt.

PS: Ein weiteres wichtiges Learning ist dabei ebenfalls, wenn Sie den größten Block der Fixausgaben reduzieren können, welcher in den beiden Beispielen jeweils 50% bzw. 60% der Ausgaben beansprucht, können Sie auch mehr Geld investieren, sparen und für Konsum ausgeben. Ein permanenter Vergleich von Versicherungen, Stromkosten, Mieten und Kommunikationsanbietern lohnt sich ungemein. Spätestens wenn Sie durch einen einfachen Wechsel Ihren Urlaub verlängern können, werden Sie dankbar für den Vergleich gewesen sein.

Letztendlich handelt es sich bei dem dargestellten Konten-Modell lediglich um eine Empfehlung. Selbstverständlich können Sie auch alles in einem Konto managen, je nachdem, mit welcher Methode Sie sich leichter tun. Beispielsweise könnten Sie auch verschiedene (kostenfreie) Konten anlegen, wie es viele Direktbanken bereits anbieten. Alternativ können Sie auch Ihren "Spaß-Anteil" monatlich abheben, sodass Sie immer den Überblick direkt in Ihrem Geldbeutel sehen. Letztendlich ist dieser so individuell wie Sie selbst. Finden Sie Ihre idealen, prozentualen Aufteilungen und Verwendungen. Finanziell frei sein heißt nämlich auch: Entscheidungen treffen, evaluieren und überdenken. Schließlich wollen Sie weder übermäßig vom Staat, noch von der Hand in den Mund abhängig sein. Letztendlich genau das Gegenteil davon.

Persönliche Notizen zur dritten Stufe der finanziellen Freiheit: Kleine, finanzielle Freiheit

Anmerkung des Autors: Notieren Sie Ihre persönlichen Gedanken und persönlichen Learnings. Beispielsweise bisherige Erlebnisse oder Vorhaben. Haben Sie bereits die kleine, finanzielle Freiheit erreicht?

VIERTE STUFE ZUR FINANZIELLEN FREIHEIT

Nebeneinkommen generieren

Stellen Sie sich einmal folgendes Szenario vor: *Der Angestellte sieht auf dem Parkplatz des Chefs einen nagelneuen Ferrari stehen. Als er ihn zufällig in der Cafeteria des Unternehmens antrifft, spricht er den Chef direkt darauf an: »Glückwunsch zu Ihrem neuen Auto. Das sieht ja wirklich klasse aus«. Daraufhin bedankt er sich herzlich bei dem Angestellten dafür und spendiert ihm als Belohnung, für seine netten Worte, einen Kaffee. Auch um über geschäftliche und teilweise private Dinge zu sprechen. Die beiden trennen sich wieder, der Angestellt noch völligglücklich über den spendierten Kaffee. Im Weggehen denkt der Chef noch: »...Und wenn du weiterhin so fleißigfür mich arbeitest, kann ich mir schon nächstes Jahr einen weiteren Ferrari kaufen!«*

Sie werden direkt bemerkt haben, dass das Szenario völlig überspitzt dargestellt wurde. Im Prinzip ist es aber vollkommen richtig. Denn sind wir einmal ehrlich: Mit einem normalen Angestellten-Gehalt ist ein Ferrari in weiter Ferne, während es für Unternehmer ein einfacherer Griff zu sein scheint. Das Gehalt ist monatlich gekoppelt. Auch wenn Sie flexible Zuschläge erhalten können, so werden Sie doch auch nach allen Berechnungen nicht über einen bestimmten Wert verdienen. Darum ist es umso wichtiger, sein eigener Chef zu sein.

Keine Angst, Sie müssen weder ein Start-Up gründen, noch Ihren Hauptjob aufgeben. Letztendlich geht es darum, Nebeneinkünfte zu generieren, welche Ihnen zusätzlich zum festen, monatlichen Einkommen Einkünfte beschert. Daraus ergeben sich mehrere Möglichkeiten, wie Sie das zusätzliche Einkommen verwenden können:

- Zur (Teil-)Zahlung möglicher Fixkosten
- Zur Erhöhung der Sparrate
- Zur Erhöhung der Investitionsrate
- Zur Erhöhung des "Spaßkontos"
- Zur Erhöhung eines weiteren Kontos, Ihres 5-Konten-Modells

Im Idealfall verteilen Sie das zusätzliche Einkommen mit dem gleichen prozentualen Schlüssel auf die einzelnen Konten. So können Sie sowohl mehr Sparen, Investieren als auch Ausgeben. Die traurige Erkenntnis dahinter: Ohne zusätzliches Einkommen, können Sie Ihre Raten nicht erhöhen. Möglicherweise mögen Sie nun sagen: Doch, durch Gehaltserhöhungen. Selbstverständlich führt das unweigerlich zu Erhöhungen, durch ein zusätzliches Einkommen ist diese Steigerung jedoch noch größer. Umso größer diese Steigerung, umso näher kommen Sie dem Ziel zur finanziellen Freiheit.

Wie definiert sich demnach folglich das zusätzliche Einkommen?

Zusätzliches Einkommen ist, wie der Name bereits vermuten lässt, ein weiteres Einkommen neben Ihrem Hauptberuf. Wie dies gestaltet ist, steht Ihnen völlig offen. Zunächst Einmal sollte auch der zusätzlich erwirtschaftete Betrag egal sein, viel wichtiger ist der Aufbau, später erst die Skalierung des Nebenberufs. Sie werden merken, dass zweiteres deutlich einfacher verlaufen kann. Dieser sogenannte "Side Hustle" kann aus beliebigen Aufgaben bestehen. Gerade in Zeiten des Internets finden sich immer mehr Nebeneinkünfte mit einer sehr großen potenziellen Zielgruppe. Denken Sie daran, was Sie in Ihrer Freizeit gerne unternehmen und wie Sie daraus zusätzliche Einkünfte erzielen könnten. Die Möglichkeiten hierzu sind beinahe grenzenlos.

Persönliche Notizen zur vierten Stufe der finanziellen Freiheit: Nebeneinkommen generieren

Anmerkung des Autors: Notieren Sie Ihre persönlichen Gedanken und persönlichen Learnings. Beispielsweise bisherige Erlebnisse oder Vorhaben. Haben Sie bereits Nebeneinkommen generiert?

FÜNFTE STUFE ZUR FINANZIELLEN FREIHEIT

Ausgaben klein halten

Die Verlockung ist so nah und für viele auch verständlich. Im Extremfall haben Sie bereits mit großer Anstrengung und Rückhaltung alle Alt-Schulden abgebaut, einen größeren Prozentsatz Ihres Einkommens zur Seite gelegt, mühevoll Nebeneinkünfte generiert und auch sonst bereits einige Punkte dem großen Ziel der Finanziellen Freiheit untergeordnet. Ihr Vermögen wächst und wächst. Wie wäre es wohl, wenn man nun alles auf den Kopf hauen würde? Wenn man sich endlich den großen Wunsch erfüllen könnte? Die Antwort: Es wäre alles umsonst gewesen.

Der Weg zum Erfolg, beziehungsweise zur finanziellen Freiheit, verläuft deutlich schneller, wenn Sie bei steigenden Einkommen weiterhin ungefähr gleiche Ausgaben haben. Dazu können Sie folgendes Beispiel betrachten: Die Person auf der linken Seite erhöht nach Gehaltserhöhungen oder Einkünften aus dem Nebengewerbe gleichermaßen die Ausgaben, für ein teureres Auto, eine teurere Wohnung oder für weiteren Luxus wie Designerklamotten. Die Person auf der rechten Seite verdient ebenfalls mehr, leistet sich aber keine weiteren Luxus-Ausgaben:

	Person A			Person B		
Zeitraum	Einkommen	Ausgaben Fixkosten	Ersparnis	Einkommen	Ausgaben Fixkosten	Ersparnis
1	2.500 €	1.500 €	1.000 €	2.500 €	1.500 €	1.000 €
2	2.600 €	1.600 €	1.000 €	2.600 €	1.500 €	1.100 €
3	2.700 €	1.700 €	1.000 €	2.700 €	1.500 €	1.200 €
4	2.800 €	1.800 €	1.000 €	2.800 €	1.500 €	1.300 €
5	2.900 €	1.900 €	1.000 €	2.900 €	1.500 €	1.400 €
6	3.000 €	2.000 €	1.000 €	3.000 €	1.500 €	1.500 €
	Steigerung	Steigerung	Summe	Steigerung	Steigerung	Summe
	≈ 16%	≈ 25%	6.000 €	≈ 16%	0%	7.500 €

Das Ergebnis dieses Beispiels zeigt, dass die Ersparnis-Summe von Person B die der Person A um circa 1.500 Euro übersteigt. Ungefähr entspricht dies dieser Überschuss den Ausgaben der Person B. Mit anderen Worten und überspitzt gesagt: Nur die Ersparnis von B gegenüber A sorgt dafür, dass B beispielsweise einen Monat die Ausgabe komplett aus dem Überschuss finanzieren kann.

Ein weiterer Faktor, der hier eine wichtige Rolle spielt, ist die finanzielle Absicherung. Stellen Sie sich vor, Person A verliert ihren gut bezahlten Job oder kann mit dem Nebengewerbe nicht mehr die großen Umsätze erwirtschaften. Im Vergleich zu B sind die Fixkosten des Zeitraums aber von 1.500 Euro auf 2.000 Euro angewachsen, was bedeutet, dass entweder 500 Euro weniger für Investments bzw. Sparraten zur Verfügung stehen oder diese Differenz aus den Ersparnissen benötigt wird. Letztendlich wirkt sich diese Entwicklung und Problematik immer negativ auf Ihren Weg zur finanziellen Freiheit aus.

Nicht nur im Worst-Case, sprich dem Verlust oder der Reduktion der Einkommen, hat die gleichbleibende Ausgabenstruktur Vorteile. Wie ein Unternehmen können Sie den "erwirtschafteten" Überschuss (in diesem Beispiel die 7.500 Euro) für Investitionen oder ähnliche, einmalige Ausgaben verwenden. Diesen Vorteil haben Sie ausschließlich aufgrund der Steigerung Ihrer Einkommen und - so einfach es klingt - gleichbleibenden Ausgaben erwirtschaftet.

Wann Kosten/Ausgaben steigen dürfen

Selbstverständlich kann die Realität anders aussehen, mit steigendem Alter steigen möglicherweise auch die Kosten für Wohnen, Familie, Bildung und noch vielen weiteren Faktoren. Es sollte demnach nie darauf forciert werden, über Jahre hinweg die Fixkosten gleich zu halten, das wird Ihnen aufgrund der Inflation und weiteren Faktoren sowieso nur schwer möglich sein. Gehen Sie davon aus, dass Ihr Stromanbieter die Kosten für den Verbrauch einer Kilowattstunde erhöht. Um die Ausgaben nun identisch zum Vorzeitraum zu halten, müssten Sie demnach beginnen, weniger Strom zu verbrauchen. Natürlich ist dies nicht zielführend, in Bezug auf gleichbleibende Ausgaben. Sollten Sie dennoch Stromkosten beziehungsweise weitere Kosten reduzieren können, sollten Sie dies analog der "Dritten Stufe zur finanziellen Freiheit" bereits reduzieren. So ist demnach davon auszugehen, dass die Fixkosten bereits auf dem besten (sprich: niedrigsten) Niveau, zum Aufbau der finanziellen Unabhängigkeit liegen. Wie bereits verdeutlicht, noch einmal zur Erinnerung: Verzichten Sie auf dem Weg zur finanziellen Freiheit nicht auf lebensnotwendige oder -erleichternde Ausgaben. Verzichten Sie lediglich auf erstens, eine stetige Erhöhung der Fixkosten und zweitens, auf Luxus. Leben Sie nicht wie ein Bettelmann oder eine arme Kirchenmaus. Leben Sie effizient. Die Kosten sollten lediglich nicht im selben absoluten oder prozentualen Rahmen steigen, wie Ihre Ausgaben. So einfach ist es.

Ein weiterer Faktor, wann Kosten steigen dürfen, ist die Investition in höheres, zukünftiges Einkommen. Treten Sie beispielsweise ein Studium an, kaufen Sich teure Arbeitsmittel (beispielsweise einen Laptop) oder größere Investitionen, so dürfen die Ausgaben selbstverständlich steigen, da diese essentiell für die Steigerung Ihrer Einkommen sind.

Sobald Sie Ausgaben für Vermögenswerte anstellen, dürfen diese Ausgaben (teilweise auch monatliche Fixkosten) steigen, sobald es sich um Verbindlichkeiten handelt, sollten diese selbstverständlich minimiert, reduziert oder gänzlich verhindert werden. Aus diesen Gründen ist eine genaue Definition beziehungsweise Unterscheidung dieser beiden Positionen notwendig.

	Vermögenswert	Verbindlichkeit
Beispiele	Aktien, Kredite, Unternehmensbeteiligungen, passive Einkommen, ...	Ratenkredite, Leasing, Finanzierung, ...
Vermögen	Wächst langfristig (z.B. durch Dividenden)	Schrumpft langfristig (z.B. durch Ratenzahlungen)
Auswirkung auf Finanzielle Freiheit	Fördert finanzielle Freiheit	Hindert finanzielle Freiheit
Wachstum	(exponentielles) Wachstum	(im besten Fall) Stagnation oder Verlust

Sie können es als einfache Rechnung sehen: Wenn Sie einen Euro in einen Vermögenswert stecken, bekommen Sie letztendlich möglicherweise 1,05 Euro zurück, bei Verbindlichkeiten müssen Sie eventuell für den Euro noch bezahlen, sodass Sie am Ende 0,95 Euro "verdient" haben beziehungsweise im besten Fall erneut 1,00 Euro besitzen. Ein Vermögenswert ist demnach in allen Fällen einer Verbindlichkeit vorzuziehen. Durch Reinvestition der 1,05 Euro erhalten Sie bei gleichem Wachstum bereits 1,1025 Euro, das heißt die bereits bekannten 5 Cent plus zusätzliche 0,0025 Euro. Diese Entwicklung wird langfristig für ein exponentielles Wachstum sorgen, beschleunigt durch steigendes Einkommen und Investitionen. Umso größer die erwartete Rendite, umso größer natürlich das Wachstum.

Persönliche Notizen zur fünften Stufe der finanziellen Freiheit: Ausgaben klein halten

Anmerkung des Autors: Notieren Sie Ihre persönlichen Gedanken und persönlichen Learnings. Beispielsweise bisherige Erlebnisse oder Vorhaben. Haben Sie Ihre Ausgaben klein gehalten?

SECHSTE STUFE ZUR FINANZIELLEN FREIHEIT

Exponentielles Wachstum anstreben

Die Quintessenz der letzten Stufe, zur finanziellen Freiheit, bestand darin Vermögen zu steigern und Ausgaben niedrig zu halten. Durch den Erwerb von Vermögenswerten - und der Reduzierung von Verbindlichkeiten, streben Sie langfristig ein exponentielles Wachstum an. Selbst Einstein soll einmal gesagt haben, dass der Zinseszins die größte Erfindung der Menschheit wäre. Ob diese Aussage nun stimmt oder ihm nur zugeschrieben wird, so hat sie doch einen wahren Kern: Der Zinseszins und das damit verbundene, exponentielle Wachstum, ist der Ursprung des Reichtums. Aus diesem Grund, werden die Wohlhabenden immer wohlhabender. Das Ziel der finanziellen Freiheit ist so greifbar, wie noch nie!

Die Frage nach der finanziellen Lebensweise
Ein wichtiger, nicht zu unterschätzender Faktor, ist die Wahl der finanziellen Lebensweise. Genauer gesprochen, wie die finanzielle Freiheit wortwörtlich gelebt werden soll. Dafür gibt es prinzipiell zwei wichtige Unterscheidungen:

1) Lebensweise mit permanentem Kapitalverzehr
2) Lebensweise mit ausschüttenden Auszahlungen und Gewinnen (z.B. Dividenden)

Im ersten Fall, haben Sie beispielsweise eine Summe von 400.000 Euro angespart, von der Sie jeden Monat einen bestimmten Betrag, zur Deckung Ihrer Kosten und Ausgaben, überweisen. Idealerweise entspricht der entnommene Betrag ungefähr dem erwarteten Zins-Gewinn, sodass Ihnen für einen erwartbaren Zeitraum immer den selbe Betrag zur Verfügung steht. Sie leben finanziell frei!

Im zweiten Fall, beziehen Sie Ihrer gesamten Lebensunterhalt aus den Ausschüttungen, Auszahlungen und Gewinnen Ihrer Anlagen. Beispielsweise könnte dies durch regelmäßige Dividenden-Ausschüttungen oder sonstigen Gewinnen geschehen. Der Vorteil: Dadurch entnehmen Sie kein Geld aus der Anlage, wodurch die Ausschüttungen theoretisch langfristig mitwachsen. Sogenannte Dividenden-Aristokraten zeichnen sich beispielsweise dadurch aus, dass sie ihre Aktien-Dividende bereits seit mehreren Jahren permanent erhöht haben. Dadurch können Inflationen, Preiserhöhungen und weitere Faktoren wie Wirtschaftswachstum direkt auf Ihren "Lohn" auswirken. Im positiven wie auch negativen Sinne. Selbstverständlich können Sie dafür auch jederzeit zur ersten Variante wechseln.

In der Praxis empfiehlt sich - sofern machbar - eine Mix aus beiden Varianten: Teilweise finanzielle Freiheit durch Dividenden (und Ähnlichem) und der Kapitalentnahme.

Berechnung der finanziellen Freiheit

Sie haben nun das Werkzeug und Mindset zur finanziellen Freiheit, haben sich über die Möglichkeiten und Wege informiert und verinnerlicht. Neben diesem sehr wichtigen, theoretischen Hintergrundwissen müssen Sie jedoch persönlich Berechnungen anstellen, wie Sie die finanzielle Freiheit gestalten möchten oder was Sie noch dafür benötigen. Sprich:
Wie viel möchten Sie monatlich passiv verdienen?
Wie viel können Sie monatlich sparen?
In wie vielen Jahren möchten Sie finanziell frei sein?
Wie ist das momentane, erwartete Marktwachstum?

Persönliche Notizen zur sechsten Stufe der finanziellen Freiheit: Exponentielles Wachstum anstreben

Anmerkung des Autors: Notieren Sie Ihre persönlichen Gedanken und persönlichen Learnings. Beispielsweise bisherige Erlebnisse oder Vorhaben. Haben Sie bereits exponentielles Wachstum erreicht oder angestrebt?

SIEBTE STUFE DER FINANZIELLEN FREIHEIT

Unabhängigkeit von Geld, Ort und Zeit

Auf Ihrem Weg zur finanziellen Freiheit haben Sie einiges geleistet. Sie haben Ihr Finanzleben analysiert, damit begonnen Altlasten loszuwerden sowie nach und nach damit begonnen zu sparen, investieren und finanzielle Unabhängigkeit zu erreichen. Wissen Sie noch, dass am Anfang des Buches davon gesprochen wurde, dass das Leben ein Marathonlauf ist? Letztendlich kann man Ihnen zu diesem Zeitpunkt nun gratulieren, schließlich haben Sie das (ultimative) Ziel erreicht. Ein Ziel, das nicht viele erreichen werden. Ein Ziel, das zwar ein langer Prozess war, aber letztendlich - übertrieben gesprochen - nur durch kluge Entscheidungen und Warten erreicht wurde.

André Kostolany sagte einmal: "Ich kann Ihnen nicht sagen, wie man schnell reich wird. Ich kann Ihnen aber sagen, wie man schnell arm wird: Indem man versucht schnell reich zu werden."

Haben Sie womöglich anfangs Reichtum mit Supersportwagen, Yachten in der Bucht von Monaco, Luxus-Uhren oder teuren Villen gesehen; so werden Sie sicherlich bald anders darüber denken. Wahre finanzielle Unabhängigkeit bedeutet kein Luxus. Es ist der Luxus, dass Sie tägliche Kosten und Ausgaben lebenslang bezahlen können, überall auf der Welt. Luxus-Gegenstände, wie der angesprochene Supersportwagen, ist zwar ohne Probleme finanzierbar, von Ihrem angesparten Vermögen. Letztendlich sorgt diese Ausgabe dafür, dass Sie sich den Luxus der finanziellen Unabhängigkeit nicht mehr leisten können und eine Stufe nach unten gerutscht sind. Sie müssen sich die letzte Stufe der finanziellen Freiheit erst wieder aufbauen.

Das ist der wahre Unterschied.

Letztendlich können Sie sich aber entspannt zurücklehnen, wenn Sie das Zitat von André Kostolany noch einmal lesen. Jeder, der langsam reich wurde, wird den Luxus der finanziellen Unabhängigkeit respektieren und niemals in Versuchung kommen, alles für einzelne Ausgaben zu gefährden. Wenn doch, hat diese Person noch nicht das Mindset der finanziellen Freiheit verinnerlicht. Sie hat beispielsweise nicht alle Stufen durchlaufen, sondern hat durch einzelne Einkünfte (Glücksspiel, Erbe, Zufall) theoretisch bereits die letzten Stufen erreicht. Mühelos könnten Mieten, Lebensmittel und alltägliche Ausgaben alleine von Dividenden bezahlt werden. Die Betonung liegt auf "könnten".

Letztendlich werden Sie es klüger anstellen. Da bin ich mir sicher!

Ich wünsche Ihnen viel Erfolg, Spaß und Durchhaltevermögen. Sie werden es schaffen!
Auch da bin ich mir sicher!

Persönliche Notizen zur Finanziellen Freiheit

Anmerkung des Autors: Notieren Sie Ihre persönlichen Gedanken und persönlichen Learnings. Beispielsweise bisherige Erlebnisse oder Vorhaben. Haben Sie bereits die finanzielle Freiheit erreicht? Wie war Ihr Weg dorthin? Was möchten Sie später einmal Ihren Kindern oder Enkeln davon erzählen? Dies könnte die wichtigste Buch-Seite in Ihrem Leben sein! Schließlich geht es zu 100% um Sie persönlich!

ALTERNATIVE BETRACHTUNGEN UND DEFINITIONEN DER FINANZIELLEN FREIHEIT

"Finanzielle Freiheit" ist kein umfassend definierter Begriff, betrachtet man vor allem die Vorgehensweisen und Prozesse zu diesem finanziellen Ziel. Die Gemeinsamkeit aller unterschiedlichen Definitionen, ist immer das Ziel, unabhängig von Zeit, Ort und Alter Geld zu verdienen, zumeist durch passives Einkommen. In den meisten Fällen generiert sich dieses passive Einkommen aus Dividenden-, Zins- oder Lizenzeinkünften. Der Prozess besteht damit weitestgehend (und stark verkürzt dargestellt) darin, die Vermögenswerte soweit zu erhöhen, dass alleine die passiven Einkommen den normalen Arbeitslohn gleichermaßen ersetzen können. Darauf wurde bereits umfassend in den vorangegangenen Kapiteln eingegangen.

Sicherheit-Vitalität-Unabhängigkeit

Gerade im Internet, werden unterschiedliche Arten der finanziellen Freiheit dargestellt, diskutiert und präsentiert[2]. Der größte Unterschied hierbei ist im wesentlichen, dass Schulden-Freiheit und das Mindset zur finanziellen Freiheit bereits vorhanden sind. Aus diesen Gründen, sollten Sie zunächst die in den vorangegangenen Kapiteln beschriebenen Schritte durchgehen, verinnerlichen und verstehen. Die genaue Gestaltung und Detailebenen der finanziellen Freiheit können Sie jederzeit ändern und anpassen. Auf diesem Fundament basiert auch die finanzielle Freiheit; unterschieden nach Sicherheit, Vitalität und Unabhängigkeit.

Sicherheit

Sicherheit ist der wichtigste Aspekt in unserem Leben. Dazu gehören beispielsweise ein Dach über dem Kopf und ein gefüllter Kühlschrank. Durch etwaige Grundsicherungen in Deutschland und im Grund genommen allen europäischen Staaten fällt der Sicherheitsaspekt hier möglicherweise geringer aus. Wichtig ist hierbei vor allem der Faktor: Könnten Sie, durch den Wegfall Ihrer Einkünfte, weiterhin lebensnotwendige Kosten begleichen? Dazu können beispielsweise Mieten, Nahrung, Strom, Gas, Versicherungen, Telekommunikation und vieles mehr zählen. Im Grund alles, was Sie unbedingt zum Überleben benötigen. Da dies höchst-individuell ist, sollten Sie die Kosten dafür auflisten und mit Ihren Einkünften abgleichen. Würde es für Sie in Frage kommen, in eine günstigere Wohnung zu ziehen und täglich Spaghetti mit Ketchup zum Mittagessen, können Sie den Status der finanziellen Sicherheit womöglich bald erreichen.

In diesem Beispiel gehen wir davon aus, dass Sie 800 Euro zum Überleben, sprich Ihrer finanziellen Sicherheit benötigen.

Vitalität

Natürlich wollen Sie nicht ausschließlich von Brot und Wasser leben. Sicherlich besser als zu verdursten oder verhungern. Jedoch würde es Ihrem Leben an der berühmten "Würze" fehlen. Nüchtern betrachtet handelt es sich hier um Ausgabe, welche den reinen Sicherheits-Aspekt überschreiten. Heißt: Ausgaben, die nicht lebensnotwendig sind, jedoch Ihnen Freude, Erleichterungen, Luxus, neue Eindrücke, Erfahrungen und Vergnügen bereiten. So ist der Kauf von Blumen oder der Friseurtermin sicherlich nicht überlebensnotwendig, er sorgt aber für ein gutes Gefühl. Um eben jenes Gefühl geht, es ohne die bekannte Reue. Sie können es sich einfach leisten. Ebenfalls haben Sie die größere Auswahl bei Ihren Ausgaben bei der finanziellen Sicherheit. Sie können bedenkenlos das teurere Brot, den teureren Aufstrich oder auch den teureren Öko-Strom leisten. Letztendlich handelt es sich hier um Extra-Ausgaben zu Ihrer finanziellen Sicherheit. Sie müssen nicht immer die günstigste (und dadurch manchmal auch schlechtere) Alternative kaufen.

In diesem Beispiel benötigen Sie zusätzliche 500 Euro, um finanzielle Vitalität erreichen zu können. Zusammengefasst benötigen Sie folglich ein passives Einkommen von 800 Euro + 500 Euro, sprich 1.300 Euro.

Finanzielle Unabhängigkeit

Auch wenn die finanzielle Vitalität den meisten Menschen ausreichen würde (ausgehend vom vorangegangenen finanziellen Ruin oder Arbeitslosigkeit), so stellt doch die finanzielle Unabhängigkeit das große Ziel dar. Sie können, realistisch gesprochen, jede normale Miete, jede normale Nahrung, jede normale Ausgabe ohne Bedenken bezahlen, rein finanziert aus passiven Einkünften. Letztendlich überall auf der Welt, was sicherlich den extremen Reiz der finanziellen Freiheit auf den Punkt bringt. Selbstverständlich müssen die Ausgaben realistisch und normal sein, finanzielle Freiheit bedeutet nicht, dass Sie sich monatlich einen neuen Ferrari kaufen können. Falls doch, selbstverständlich herzlichen Glückwunsch!

Gehen wir davon aus, dass Sie für unerwartete Ausgaben zusätzlich 1.000 Euro benötigen, benötigen Sie für Ihre finanzielle Unabhängigkeit 800 Euro + 500 Euro + 1.000 Euro, was 2.300 Euro entspricht. Selbstverständlich können Sie auch auf ein höheres Ziel zielen, beispielsweise 120% Ihres bisherigen monatlichen Netto-Einkommens, wodurch Sie sich mehr als in Ihrem "Arbeitsleben" gönnen können. Finanzielle Freiheit eben.

Zusätzliche Informationsquellen zum Thema Finanzielle Freiheit

Häufig sind die aktuellsten Informationen die besseren, da sie vor allem eines sind: Momentan relevant. Aus diesen Gründen wachsen auch in letzter Zeit die Blogs, Social Media Accounts oder Youtube-Channel, die sich mit finanziellen Themen beschäftigen. Ein wichtiger Faktor hierbei ist, explizit und implizit, die finanzielle Freiheit.

Mithilfe dieses Buches haben Sie im Idealfall bereits das richtige Mindset zur finanziellen Unabhängigkeit verinnerlicht und können Sich nun an die Feinjustierung und -Gestaltung, auf Ihrem persönlichen Weg, machen. Gerade für die Feinabstimmung und Ideensammlungen eignen sich aktuelle Blogs und Beiträge. Denken Sie einmal daran, wie die Welt vor der Corona Krise 2020 oder auch vor wenigen Monaten noch aussah, Informationen aus Ende 2019 mögen hierbei geradezu antik wirken, Beiträge aus

2015 können Sie nahzu komplett vernachlässigen. Die Schnelllebigkeit der Welt sorgt nicht immer für Nachteile. Gerade auf dem Weg zur finanziellen Freiheit ergeben sich so tagesaktuelle neue Trends, Ideen und Möglichkeiten, den richtigen finanziellen Weg einzulegen. Die richtigen Finanzblogs und -Influencer können hierbei wichtige Information- und Inspirationsquellen sein: Welche Aktien(strategie) empfehlen sie momentan? Welche Megatrends können zu großen Veränderungen in der nahen Zukunft sorgen? Welche Strategie sollten Sie alsbald verwerfen?

Wichtig hierbei: Wählen Sie nicht eins zu eins die selben Aktien, Strategien oder Bewertungskriterien, sondern nutzen Sie es vielmehr als Bewertungsgrundlage. Beispielsweise: Ein Finanzblog analysiert das Unternehmen A als sehr interessant und kaufenswert. Sie nutzen die gleichen Bewertungskriterien (z.B. Verschuldungsgrad oder Gewinnwachstum) und entdecken dafür Unternehmen B. So können Sie auf dem Weg zur finanziellen Freiheit zusätzlich wichtige Learnings ziehen und Ihr finanzielles Hintergrundwissen stark steigern. Sie werden sehen, dass Sie in Zukunft beispielsweise eigene Kriterien zur Aktienauswahl treffen werden, im Prinzip Ihr eigener Finanz-Influencer.

ZUSATZKAPITEL: KRITISCHE BETRACHTUNG:

Gibt es negative Faktoren?

“Es ist nicht alles Gold was glänzt”. Sicherlich haben Sie diesen Satz in der Vergangenheit bereits öfters gehört. Kritische Betrachtungen sorgen zum einen zum Reflektieren der eigenen Ideen und Handlungen, sowie zur seriösen Einordnung. Wie immer im Leben gibt es nicht nur Licht, sondern auch Schatten. Es spielt lediglich eine Rolle, wie groß der Schatten im Verhältnis zum Licht ist, sprich: Überwiegen die positiven Faktoren oder gibt es mehr Bedenken?

Für eine kritische Betrachtung werden Thesen aufgestellt, die anschließend kritisch betrachtet und beantwortet werden. Selbstverständlich ist diese Liste nicht final und kann auch keine persönlichen Faktoren perfekt abbilden.

These: Jeder kann finanziell frei werden

Alleine die Fokussierung auf "Jeder" lässt zweifel zu. Neben den kritischen Faktoren einer ungewissen Zukunft, vor allem wenn ein Zeitraum von 20 Jahren oder mehr gesetzt werden, finanziellen Entwicklungen (Inflation, Deflation, Wirtschaftskrisen) und persönliche Entwicklungen (neuer Beruf, Arbeitslosigkeit, Krankheit) berücksichtigt werden müssen oder sollten.

Zur Einordnung betrachten wir drei Personen, die denselben externen und internen Faktoren unterliegen (bspw. denselben Beruf ausüben und zur selben Zeit geboren wurden). Person A investiert 1.000 Euro monatlich, Person B investiert 100 Euro monatlich und Person C spart lediglich "übriges" Geld am Monatsende auf de facto unverzinsten Konten (z.B. dem Girokonto oder Sparbuch).

Nach allen gültigen Einordnungen und bisherigen Learnings wird Person A die finanzielle Unabhängigkeit statistisch eher erreichen als Person B (hier ist vor allem der Markt entscheidend, ob der geringe Geldbetrag "ausreichen" wird) und Person C. In der Realität könnten jedoch alle oder auch niemand der Personen die finanzielle Freiheit erreichen, die Wahrscheinlichkeit erhöht sich nur stark.

Learning für Sie: Es gibt keine hundertprozentige Wahrscheinlichkeit, die finanzielle Freiheit zu erreichen. Es ist nur wahrscheinlicher, wenn Sie 1) sparen, 2) investieren und 3) einen hohen Geldbetrag dazu verwenden. In allen Fällen werden Sie mehr davon profitieren als die Personen B und C in Ihrem Bekannten-, Kollegen- oder Freundeskreis.

These: Man muss auf den richtigen Zeitpunkt warten

In der Wirtschaftsgeschichte gab es immer Zeiten, in denen ein Investment günstig war. Besonders nach größeren Krisen (Finanzkrise 2008/2009, Coronakrise 2020 usw.) waren Aktienkurse, im Vergleich, günstig bemessen. Wurde in dieser Zeit aktiv investiert, so konnten die Renditen stark gesteigert werden. Der größte Nachteil ist allerdings: Man kann den Markt nicht vorhersehen. Der noch größere Nachteil: Sie warten mehrere Monate oder Jahre ab, um den idealen Zeitpunkt zum Investieren abzuwarten.

Stellen Sie sich dafür folgendes Szenario vor: Person A möchte 1.000 Euro in den US-amerikanischen S&P500 investieren. Genauso möchte dies auch Person B. Person A investiert sofort zum Jahresbeginn (evtl. per automatischer Überweisung). Der Kurs ist zu diesem Zeitpunkt, in diesem Beispiel, unattraktiv bewertet, alle warten auf eine Korrektur der Märkte.

Es kommt, wie es kommen muss: Der Markt bricht ein, der S&P500 verliert 10%, sodass das Investment von Person A nur noch 900 Euro wert ist. Person B wartet demnach noch ab, gerade da alle Kurse fallen: “Wer weiß, wie lange es noch nach unten geht, ich verbrenne doch kein Geld!”

Im Laufe des Jahres steigt der Kurs des S&P500 wieder an. Mal fällt wer, mal steigt er, sodass er letztendlich nach 6 Monaten wieder den alten Stand erreicht hat. Das Investment von Person A ist nun wieder 1.000 Euro wert. Person B ist sich immer noch unsicher, letztendlich könnte es auch wieder stark nach unten gehen. Person B wartet demnach weiterhin.

Am Ende des Jahres notiert der S&P500 mit 10 Prozent im Plus zum Vorjahrestag. Das Investment von A ist somit auf 1.100 Euro angewachsen, während B weiterhin bei 1.000 Euro steht.

Theoretisch hätte B den richtigen Zeitpunkt (den Tiefstand) abwarten können und exakt dort investiert. Sein Investment hätte die 1.100 Euro von Person A am Jahresende um Längen überstiegen. Die Betonung liegt hierbei auf: hätte. Da Person B aber gar nicht investiert hat, belaufen sich seine Opportunitätskosten auf 100 Euro.

Was soll Ihnen das Beispiel sagen? Das wichtigste Learning ist, dass niemand den Markt und seine Entwicklungen vorhersagen kann. Richtig ist aber, dass “time in the market”, also wie lange man bereits investiert ist, immer “timing the market”, also die angestrebte Vorhersehung der Marktentwicklungen schlägt. Sie können es mit dem Weg eines Bundesliga-Meisters vergleichen. Letztendlich, betrachtet man einzelne Spiele, so gingen diese entweder siegreich, als Niederlage oder Unentschieden aus. Diese temporären Schwankungen, ändern aber nichts am finalen Erreichen der Meisterschaft. Seien Sie der Bundesliga-Meister, der auch Niederlagen aushält; und nicht derjenige, der bei der einzigen Niederlage der Saison auf "Gewinn" gewettet hat.

---

[1] https://www.businessinsider.de/karriere/arbeitsleben/so-viel-geld-sollt-ihr-ansparen-alter-r2/

[2] vgl. Aaron Isreal Homo Oeconomicus - Gesunkene Fixkosten - Wie (finanziell) frei bin ich bereits? Geoarbitrage, Youtube, youtu.be/03XkF2nARv4

NACHWORT

Lieber Leser, lieber neuer „Finanzielle Freiheit Experte“,

vielen Dank für den Kauf dieses Buches! Ich hoffe ich konnte Ihnen einige neue Einblicke in die Thematik geben, Sie haben sich unterhalten gefühlt und etwas Neues gelernt.

Es würde mich sehr freuen, wenn Sie sich kurz Zeit nehmen würden, eine **ehrliche** Bewertung für das Buch abzugeben. Gerne können Sie mich auch jederzeit unter meiner Twitter Adresse @FabiMarquardt oder klassisch per E-Mail (mail@fabian-marquardt.de) direkt kontaktieren.

Ich freue mich von Ihnen zu hören und lesen!

Herzliche Grüße
Fabian Marquardt

ÜBER DEN AUTOR

Fabian Marquardt

Fabian Marquardt, geboren im Jahr 1994 in Schwaben, setzte sich bereits in seinem Masterstudium intensiv mit Marketing-, IT-, Medien- und Wirtschaftsthemen auseinander. Er arbeitet in der freien Wirtschaft als Marketing-Manager in einem Großunternehmen und befasst sich privat täglich mit gesellschaftlichen und technischen Themen.

Bleiben Sie in Kontakt:

Twitter: @FabiMarquardt
E-Mail: mail@fabian-marquardt.de

BÜCHER VON DIESEM AUTOR

Blockchain - Neu Gedacht!: Einsatzmöglichkeiten Der Blockchain Abseits Von Bitcoin, Ethereum & Co.

Stellen Sie sich vor, wir könnten genauso online kommunizieren – nur ohne die Server von Google, Facebook & Co. verwenden zu müssen. Stellen Sie sich vor, wir könnten digitale Güter verknappen und ihnen endlich wieder den Wert von physischen Mediengütern (z.B. Ihren alten CDs oder Gemälden) zurückgeben. Stellen Sie sich vor, wir könnten Inhalte erschaffen, die nie mehr verändert oder gelöscht werden können – sei es ein Grundbuch oder aber der nicht mehr zensierbare Inhalt in repressiven Ländern. Möglich macht es die Blockchain!

Blicken Sie mit dem Autor über den Tellerrand und betrachten Sie die Blockchain aus einem anderen Blickwinkel – komplett losgelöst von Bitcoin & Co.!

Viel Spaß beim Lesen, Entdecken und Nachdenken!

Smart-Home Für Einsteiger: Smart-Home Ohne Programmieren Und Vorkenntnisse (Der Ultimative Starterguide)

Der Weg zum eigenen Smart-Home muss nicht schwierig sein! Stellen Sie sich vor, Sie könnten alle Ihre elektronischen Geräte und Lichter mithilfe eines kurzen Sprachbefehls bedienen. Stellen Sie sich vor, Sie werden morgens automatisch von Ihren Lampen anstatt eines Weckers geweckt, während die Kaffeemaschine bereits Kaffee für Sie zubereitet. Und das alles ohne Programmieren und weiteren Vorkenntnissen? Mithilfe dieses Buches werden Sie zum Smart-Home-Experten!

Starten Sie mit Ihren ersten, eigenen Smart-Home-Projekten und machen Sie aus Ihrem „Home Sweet Home“ ein „Home Smart-Home“!

Viel Spaß beim Lesen, Entdecken und Ihrem neuen Smart Home!

Printed in Poland
by Amazon Fulfillment
Poland Sp. z o.o., Wrocław

84644822R00047